26 mai 1882

Vente du Vendredi 26 et Samedi 27 Mai 1882,

HOTEL DROUOT, SALLE N° 1.

OBJETS D'ART

ET DE

CURIOSITÉ

Faïences; Porcelaines; Kakémonos;

Belle Console Louis XIV;

Beaux Cabinets du XVIe siècle; Meubles modernes;

Belles Tapisseries.

TABLEAUX ANCIENS

PANNEAUX DÉCORATIFS

EXPOSITION PUBLIQUE

Le Jeudi 25 Mai 1882

De 1 heure à 5 heures.

COMMISSAIRE-PRISEUR

Me Paul CHEVALLIER, Succ[r] de Me Charles PILLET

10, RUE DE LA GRANGE-BATELIÈRE

EXPERTS

M. CHARLES MANNHEIM	M. E. FÉRAL
7, rue Saint-Georges.	54, rue du Faubourg-Montmartre.

CATALOGUE

DES

OBJETS D'ART

ET

DE CURIOSITÉ

Faïences et Porcelaines anciennes; Sculptures en marbre; Kakemonos;
Belle Console Louis XIV;
Beaux Cabinets espagnols du XVIe siècle; Meubles anciens en bois doré;
Meubles modernes;

BELLES TAPISSERIES DES XVIe ET XVIIe SIÈCLES

TABLEAUX ANCIENS

DES DIFFÉRENTES ÉCOLES

PANNEAUX DÉCORATIFS

DONT LA VENTE AURA LIEU

HOTEL DROUOT, SALLE N° 1

Les Vendredi 26 et Samedi 27 Mai 1882,

A DEUX HEURES

COMMISSAIRE-PRISEUR

Me PAUL CHEVALLIER, Succr de Me CHARLES PILLET

10, RUE DE LA GRANGE-BATELIÈRE, 10

EXPERTS

M. CHARLES MANNHEIM
7, rue Saint-Georges.

M. E. FÉRAL, Peintre,
54, faubourg Montmartre

Chez lesquels se trouve le présent Catalogue.

Exposition Publique : le Jeudi 25 Mai 1882,
De une heure à cinq heures.

CONDITIONS DE LA VENTE

Elle sera faite au comptant.

Les acquéreurs payeront, en sus des adjudications, *cinq pour cent* applicables aux frais.

L'exposition mettant le public à même de se rendre compte de l'état des objets, il ne sera admis aucune réclamation une fois l'adjudication prononcée.

Paris. — Typ. Pillet et Dumoulin, 5, rue des Grands-Augustins.

DÉSIGNATION DES OBJETS

FAIENCES ET PORCELAINES

1 — Une soupière en forme d'oie et un grand plat en ancienne faïence de Delft.

2 — Plat en ancienne faïence de Marseille décoré d'un paysage, avec figures de chasseurs.

3 — Assiette en vieux Delft, décor bleu à paysage.

4 — Grand plat en faïence ancienne de Moustiers, décor en camaïeu lilas.

5 — Deux assiettes en vieux Delft décor bleu, l'une à personnage, l'autre à paysage.

6 — Plaque en ancienne faïence de Delft, décor en camaïeu bleu représentant une scène tirée de la Bible.

7 — Petite cruche en faïence ancienne, décor de Johann Schepper, couvercle en cuivre repoussé.

8 — Petit Médaillon en ancienne faïence de St-Amand, décoré en camaïeu lilas à jeux d'amours.

9 — Saladier en ancienne faïence de Nevers, représentant l'Arbre d'amour.

10 — Saladier en vieux nevers, décor dit des Jeux de Cartes.

11 — Assiette en ancienne faïence de Paris, de la fabrique de Preverend, décor en camaïeu bleu à personnages.

12 — Assiette en vieux chine, décor bleu, dit à l'Écureuil, avec ornements en blanc et or sur le marli.

13 — Assiette en vieux japon, décor bleu dit à la Perdrix.

14 — Plaque encadrée en ancienne faïence de Delft, décor bleu à personnages.

15 — Assiette en vieux chine, décor à paysage et personnages de style européen.

16 — Assiette en vieux saxe à fleurs.

17 — Assiette en vieux rouen, décor dit à la Tulipe.

18 — Un sucrier, trois tasses et soucoupes en porcelaine tendre anglaise à filets gros bleu et or.

19 — Un bol et un compotier en porcelaine du Japon, décor bleu rouge et or, une tasse et une soucoupe.

20 — Deux vases en porcelaine moderne de l'Inde, à médaillons de figures.

21 — Statuette en poterie de Satzuma.

22 — Une bouteille en faïence du Midi, décorée de fleurs.

23 — Six tasses et soucoupes en faïence, genre Moustiers, une salière et une poivrière.

SCULPTURES

24 — Marbre blanc. — Statuette. — L'Enfant au chat. — Haut. 60 cent.

25 — Marbre blanc. — Statuette. — L'Enfant au poisson. — Haut. 60 cent.

26 — Marbreblanc. — Statuette. — Baigneuse. — Haut. 60 cent.

27 — Marbre blanc.—Statuette.—L'Été.—Haut. 60 cent.

28 — Marbre blanc. — Statue. — L'Aurore. — Haut. 1 m. 15 cent.

29 — Serpentine. — Cinq colonnettes supports, qui seront vendues par deux ou séparément.

30 — Marbre blanc. — Statuette d'enfant bacchant couché et endormi, sur plinthe en marbre.

31 — Terre crue. — Groupe par Graillon père. Le Roi d'Yvetot.

KAKEMONOS

32 à 41. — Soixante-quinze kakémonos, la plupart peints sur soie et représentant des sujets variés. Ce lot sera divisé.

OBJETS VARIÉS

42 — Croix processionnelle en bronze argenté, garnie d'appliques en argent repoussé. Travail de la fin du xve siècle.

43 — Vase en bronze à col très allongé à une anse et à panse ornée à l'avant de quatre chevaux. Ce vase a été trouvé près de Lucques et provient de M. Fr. de Pulzky.

44 — Deux cruches en grès de Flandres, l'une émaillée brun et l'autre émaillée gris et bleu. xviie siècle.

45 — Trois pièces en terre brune de Boccaro ; cafetière et théière.

46 — Une tabatière ovale en jaspe vert, montée en os.

47 — Un bénitier en argent repoussé.

48 — Une statuette de la Vierge, adossée à un arbre, supportant deux oiseaux et reposant sur un socle, le tout en argent repoussé.

49 — Un vase à couvercle en cuivre émaillé gros bleu à fleurs.

50 — Deux dessins à la sanguine, attribués à Boucher. Seigneur Louis XV et valet.

51 — Gouache représentant la fabrique de Poissy.

52 — Portrait de Mme de Pompadour. Dessin.

BRONZES

53 — Suspension de salle à manger en bronze oxydé avec lampe.

54 — Lustre du temps de l'empire, en bronze ciselé et doré garni de cristaux.

55 — Buste de bacchante en bronze, par Carpeaux, avec son support en marbre.

56 — Deux miroirs à bordures en cuivre à rinceaux.

57 — Une coupe en porcelaine décorée, montée en bronze.

58 — Lustre en bronze garni de cristaux.

MEUBLES

59 — Belle console du temps de Louis XIV en bois sculpté et doré avec pieds élégants reliés par un entrejambe à X, avec dessus de marbre portor.

60 — Cabinet espagnol du XVIe siècle, fermant à porte à abattant et garni d'ornements et de ferrures découpés et dorés. Il renferme quantité de tiroirs d'aspect monumental plaqués d'or gravé, et repose sur un soubassement à tiroirs.

61 — Autre cabinet espagnol en marqueterie de bois et à colonnettes saillantes d'aspect monumental.

62 — Bureau à dos d'âne, genre vernis de Martin, décoré de fleurs sur fond d'or. Il est garni d'ornements rocaille en bronze.

63 — Quatre chaises pliantes en marqueterie dite certosine.

64 — Console cintrée Louis XVI, en bois sculpté et doré, ornée de guirlandes de fleurs avec dessus de marbre.

65 — Deux grandes consoles en bois sculpté et doré, avec frise d'ornements et pieds cannelés. Travail italien de style Louis XVI.

66 — Console analogue à celles qui précèdent. Celle-ci forme jardinière.

67 — Table à jouer de même travail.

68 — Petite table forme rognon en marqueterie de bois à vases et attributs.

69 — Bibliothèque Louis XV, en bois de violette, garnie de bronze.

70 — Guéridon avec dessus en tapisserie au point du temps de Louis XIV, à personnages et ornements.

71 — Petit chiffonnier en bois de rose, orné de peintures en vernis Martin. Dessus de marbre.

72 — Un canapé Louis XVI recouvert en tapisserie d'Aubusson à fleurs.

73 — Deux fauteuils Louis XIV garnis de velours vert frappé.

74 — Quatre chaises Louis XIV recouvertes en ancienne toile de Perse.

75 — Petite table Louis XV en bois peint en blanc et doré en partie.

76 — Lit divan avec housse en velours vert frappé, garni de franges.

77 — Fronton de glace Louis XVI en bois sculpté et doré.

78 — Fronton de glace Louis XVI en bois sculpté et peint en blanc.

79 — Glace Louis XVI avec bordure en bois sculpté et peint en blanc.

80 — Table octogone en palissandre, dont le pied est en chêne sculpté à guirlandes de fleurs et griffes de lion de style Louis XIII.

81-83 — Deux glaces avec cadres en bois sculpté et doré, glace ovale, cadre à ornements en blanc.

84 — Meuble de salon en bois sculpté et doré de style Louis XV, couvert de brocatelle de soie bouton d'or. Il se compose d'un grand canapé, quatre fauteuils et quatre chaises.

85 — Meuble de salon de style Louis XVI, en bois noir sculpté, couvert de damas jaune. Il se compose d'un canapé, deux fauteuils, quatre chaises, deux galeries, quatre rideaux et une tablette de cheminée.

86 — Deux chaises en bambou doré garnies de satin bleu clair.

87 — Deux rideaux et une galerie en satin bleu clair.

88 — Meuble d'entre-deux en bois noir et filets de cuivre et garni de bronze.

TAPISSERIES

Suite de quatre jolies tapisseries renaissance, à sujets de combats tirés de l'histoire romaine, et composés d'un grand nombre de personnages, cavaliers, guerriers, etc.

89 — Haut., 3 m. 40 cent.; larg., 5 m. 15 cent.

90 — Haut., 3 m. 35 cent., larg., 2 m. 45 cent.

91 – Haut., 3 m. 35 cent.; larg., 3 m. 50 cent.

92 — Haut., 3 m. 35 cent.; larg., 3 m. 15 cent.

93 — Tapisserie Louis XVI, verdure et faisans, avec bordure. — Haut., 3 mètres; larg., 4 m. 45 cent.

94 — Tapisserie provenant de la même suite. — Haut., 2 m. 85 cent.; larg., 3 m. 25 cent.

95 — Tapisserie Louis XIII, verdure avec chien et bordure. — Haut., 2 m. 75 cent.; larg., 3 m. 70 cent.

96 — Petit panneau de tapisserie Louis XV, avec personnage et bordure. — Haut., 2 m. 65 cent.; larg., 1 m. 30 cent.

97 — Grande tapisserie Louis XIII, verdure avec bordure. — Haut.. 2 m. 50 cent.; larg., 4 m. 20 cent.

98 — Tapisserie à sujet Teniers, avec bordure. — Haut., 2 m. 70 cent.; larg., 2 m. 60 cent.

99 — Grande tapisserie, la sainte Table, avec belle bordure. Haut., 2 m. 90 cent., larg., 4 m. 10 cent.

100 — Tapisserie verdure Louis XIII, encadrée seulement de deux côtés. — Haut., 2 m. 45 cent.; larg., 2 m. 20 cent.

1 — Tapisserie analogue, avec sa bordure complète. — Haut., 2 m. 50 cent.; larg., 2 m. 90 cent.

102 — Tapisserie Louis XIV, verdure, avec bordure. — Haut., 2 m. 90 cent.; larg., 2 m. 45 cent.

103 — Petite tapisserie renaissance, avec bordure des deux côtés. — Haut., 1 m. 85 cent., larg., 2 m. 50 cent.

104 — Panneau Louis XIII verdure, avec canards et bordure. — Haut., 2 m. 85 cent.; larg., 1 m. 50 cent.

105 — Panneau analogue, avec bordure. — Haut., 2 m. 60 cent.; larg., 2 m. 35 cent.

106 — Panneau verdure, sans bordure. — Haut., 2 m. 20 cent.; larg., 3 m. 60 cent.

107 — Panneau verdure, avec bordure de trois côtés. — Haut., 2 m. 50 cent.; larg., 2 m. 45 cent.

108 — Tapis persan, à personnages et animaux.

109 — Tapis formé d'une peau de sanglier.

TABLEAUX ANCIENS

BASSAN (JACQUES)

110 — Marché aux environs de Rome.

BERKHEYDEN (GÉRARD)

111 — Vue de Harlem. Les poids publics.

Au premier plan, sur le quai, une jeune femme agace un chien, un personnage remet une lettre à un batelier ; sur le canal, des seigneurs font une promenade dans une riche embarcation ; au fond, la ville.

Bon tableau du maître, signé en toutes lettres.

BEYEREN (ABRAHAM VAN)

112 — Un étal de poissonnier.

Un turbot, des crabes, des cabillauds, une tranche de saumon et divers autres poissons sur une table, auprès d'une cruche en grès, d'un seau et d'un crochet.

Beau et important tableau de ce maître, signé du monogramme.

BOURGUIGNON (COURTOIS dit le)

(DEUX PENDANTS

113 — Batailles.

Bonnes peintures de formes rondes.

BOUCHER (école de)

114 — Les dénicheurs d'oiseaux.

Dessus de porte.

BREUGHEL-D'ENFER (attribué à)

115 — Petite peinture sur cuivre représentant les supplices de l'enfer avec grand nombre de figures.

BREUGHEL DE VELOURS (attribué à)

116 — Paysage animé de figures.

Peint sur bois.

BRAKENBURG (REGNIER)

117 — Les Buveurs.

DESPORTES

118 — Sanglier attaqué par des chiens.

Bonne peinture du maître, signée en toutes lettres.

Toile. — Haut., 1 m. 90 cent.; larg., 1 m. 16 cent.

DYCK (ANTOINE VAN)

119 — Sainte Madeleine.

Belle esquisse du maître. Peinture sur panneau.

DYCK (genre D'ANT. VAN)

120 — La Mise au tombeau.

FRAGONARD (attribué à H.)

121 — Jeunes femmes dans un parc.

Esquisse.

GAEL (BARENT)

122 — Paysage avec cavaliers.

Soleil couchant.

GERICAULT (THÉODORE)

123 — Paysage avecrochers et constructions.

Au premier plan, six baigneurs; vers le fond, des aqueducs ; à gauche, les restes d'un bâtiment en ruine, couverts de plantes grimpantes, et un grand arbre se détachant sur un ciel chaud et doré.

Toile. — Haut., 2 m. 50 cent.; larg., 2 m. 18 cent.

FLINCK (GAVERT)

124 — Portraits d'enfants, représentés dans une composition allégorique.

Œuvre importante de l'artiste, signée en toutes lettres.

GERICAULT (THÉODORE)

125 — Village au bord d'une rivière.

Sur la droite, une tour crénelée reliée à une construction en ruine ; au second plan, à gauche, un pont dont les arches sont en partie effondrées. Des pêcheurs, dans leur bateau, se disposent à prendre trois personnages : un homme, une femme et un enfant, qui veulent gagner la rive opposée.

Toile. — Haut., 2 m. 50 cent.; larg., 2 m. 18 cent.

GOYA (FRANCESCO)

126 — Femmes espagnoles à un balcon.

HEINSIUS

127 — Portrait présumé de Lally-Tollendall.

Très bon portrait, d'une remarquable finesse d'exécution.

KESSEL (JEAN VAN)

128 — Corps de garde de singes.

Spirituelle peinture sur cuivre, digne du pinceau de Téniers.

LAGRENÉE (attribué à)

129 — Pastorale.

Deux amants sont debout au pied d'un rocher, dans un paysage fuyant et coupé par un cours d'eau.

Beau panneau décoratif.

Toile. — Haut., 2 m. 65 cent.; larg., 2 m. 50 cent.

LAGRENEE (attribué à)

130 — Pastorale.

Un berger dort étendu au pied d'un arbre ; une jeune fille tient une couronne de fleurs qu'elle va poser sur sa tête.

Beau panneau décoratif.

Toile. — Haut., 2 m. 55 cent.; larg., 1 m. 65 cent.

LAGRENEE (attribué à)

131 — Pastorale.

Un jeune homme et une jeune fille sont auprès d'une fontaine, à l'entrée d'un bois : vers le fond, une nymphe cueille des fleurs.

Beau panneau décoratif.

Toile. — Haut., 2 m. 55 cent.; larg., 1 m. 75 cent.

Ces trois gracieuses compositions ont été inspirées par le poème de *Daphnis*, de Gessner.

LAGRENEE (attribué à)

132 — Pygmalion et Galathée.

LANGLOIS

133 — Portrait de Duméril (?) le naturaliste.

Bonne peinture de l'artiste, avec dédicace.

LATOUR (attribué à)

134 — Portrait de Jean-Jacques-Rousseau.

En buste de grandeur naturelle.
Pastel.

LE MOINE (genre de FRANCOIS)

135 — Persée délivrant Andromède.

LUINI (genre de)

136 — La Vierge donnant le sein à l'Enfant Jésus.

MANFREDI

137 — Les Musiciens.

MOLENEAER

138 — Cabaret.

Signé.

NATTIER (genre de)

139 — Fanchon la vielleuse.

RAPHAEL (école de)

140 — La mise au tombeau.

Très belle reproduction de l'époque, rappelant les belles œuvres du maître.

Ce tableau a été trouvé en 1792 dans les greniers de Saint-Lazare par M. Lenoir, chargé de rassembler les objets d'art provenant des maisons religieuses et royales.

Gravé par Willemin.

SAUVAGE

141 — Jeux d'amours.

Six dessus de portes.
Peintures en grisaille.

SCHIAVONE

142 — Hercule tuant le dragon.

SOLIMÈNE

143 — Composition allégorique, avec sujet religieux au centre.

Esquisse pour un plafond.

STORK (ABRAHAM)

144 — Port de mer.

Bon petit tableau animé de nombreuses figures spirituellement touchées.

SUBLEYRAS (PIERRE)

145 — L'Atelier de broderie.

Un métier est placé au centre; deux jeunes femmes assises tiennent chacune l'aiguille, en causant avec trois personnages. A gauche, une jeune mère debout tenant son enfant et une ouvrière apprenant à une petite fille.

SUBLEYRAS (P.)

(PENDANT DU PRÉCÉDENT)

146 — Le Concert.

Au centre, un jeune homme debout, couvert

d'un manteau rouge, cause avec une jeune femme qui tient une partition ; sur la gauche, un homme touche du clavecin ; un personnage masqué offre des fleurs à une servante.

Très intéressants tableaux de ce maître, remarquables par la fermeté et la franchise d'exécution.

WERSHUUR (LIEVIN)

147 — Marine.

Effet de soleil couchant. — Le ciel est couvert de gros nuages ; à l'horizon, la mer est éclairée par de vifs rayons de soleil ; des bateaux de pêcheurs sont amarrés au premier plan. Bon et fin tableau du maître.

Signé en toutes lettres.

VLEUGELS (NICOLAS)

148 — Jeune maltaise sur le port.

VLEUGELS (N.)

(PENDANT DU PRÉCÉDENT)

149 — Paysanne italienne portant un panier d'œufs.

VESTIER

150 — Scène de la comédie de Tartufe.

VICTOR

151 — Le Retour des fiancés.

VITELLI

152 — Monuments de Rome.

VILLE

153 — La Toilette d'une courtisane.

WOUTERS (FRANÇOIS)

154 — Le Harem.

ZACHTLEVEN

155 — Vue prise au bord du Rhin.

ECOLE FRANÇAISE

156 — Amours tenant des fruits.

Dessus de portes.

ECOLE HOLLANDAISE

157 — Fleurs et vidrecome sur une console de pierre.

Signé du monogramme.

ECOLE ITALIENNE

158 — Léda et Jupiter.

TABLEAUX MODERNES

BENASSIT

159 — Cavaliers prussiens.

Aquarelle.

BOUDIN

160 — Femme de pêcheur au bord de la mer.

BOUDIN

161 — Plage à marée basse.

FALERO

162 — Les Ondines.

D'après Lehmann.

GLAIZE (LÉON)

163 — Femme nue.

Étude.

GROS (le baron)

163 bis — Deux grandes esquisses pour le tableau de la bataille d'Aboukir.

PATOIS

164 — Les Fiancés russes.

PETIT (EUGÈNE)

165 — Fleurs dans une corbeille.

PETIT (E.)

166 — Roses dans un vase.

PIGAL

167 — Les Pêcheurs à la ligne.

POUSSIN (C.)

168 — Une villa à Rome.

RIBOT

169 — Fleurs dans un verre.

RIBOT

170 — Fleurs

RIBOT

171 — Jeunes femmes dans un parc.

RIBOT

172 — Le Poulailler.

VATTIER (ÉMILE)

173 — Le Lever.

VATTIER (E.)

174 — La Toilette.

VATTIER (E.)

175 — Après le festin.

VATTIER (E.)

176 — La Soirée.

Quatre gracieuses compositions dans le goût des maîtres français du XVIIIe siècle.

177 — Sous ce numéro, qui sera divisé, seront vendus environ vingt-cinq tableaux anciens et modernes.

178 — Sous ce numéro, qui sera divisé, seront vendus environ vingt dessins de l'Ecole française ancienne, et des aquarelles de l'Ecole moderne.

www.ingramcontent.com/pod-product-compliance
Ingram Content Group UK Ltd.
Pitfield, Milton Keynes, MK11 3LW, UK
UKHW020520180726
13839UKWH00005B/2217